LES PROCHAINES ÉLECTIONS DE MAI

SERONT-ELLES CONSTITUTIONNELLES?

PREMIER AVIS AUX ÉLECTEURS SUR CE SUJET.

PAR UN AMI DU SYSTÈME CONSTITUTIONNEL.

> Quand mes idées seraient mauvaises, si j'en fais naître de bonnes à d'autres, je n'aurai pas tout-à-fait perdu mon temps.
>
> ROUSSEAU, *Préface d'Émile.*

PARIS,

CHEZ LES MARCHANDS DE NOUVEAUTÉS.

1822.

LES PROCHAINES

ÉLECTIONS DE MAI

SERONT-ELLES CONSTITUTIONNELLES ? ?

PREMIER AVIS AUX ÉLECTEURS.

Après la belle conduite du côté gauche pendant la fameuse session qui va bientôt expirer, puis-je parler des prochaines élections, sans former un souhait que tous les bons Français formeront avec moi ; c'est que ces élections futures puissent ressembler à celle des élections passées, qui ont donné à la France tous ces généreux défenseurs des libertés nationales, qu'on voit : les uns, semblables à ces héros de l'antiquité, qui, vainqueurs des ennemis du dehors sur le champ de bataille, venaient confondre ceux du dedans à la tribune aux harangues ; associer aux lauriers de la victoire les palmes de l'éloquence ; les autres, rappeler à la France nouvelle les austères vertus de la vieille Rome ; et par cette noble résistance aux titres, aux honneurs, à toutes les séductions du pouvoir, qui n'a pu trouver prise sur leurs âmes fières et indépendantes, nouveaux Fabricius, mériter ce bel éloge : *qu'on changerait plutôt le cours du soleil que celui de leur inflexible équité*. Grands hommes, que n'ai-je une voix plus digne de vous payer l'éloge qui vous est dû ! Mais si mon hommage manque d'éloquence, du moins il est aussi exempt de cette fade adulation qui en-

"

cense le pouvoir. Vous blâmerez la faiblesse de mes paroles, mais vous louerez la sincérité de cette âme, trop pleine de vous-mêmes, pour s'ouvrir à un langage qui n'est pas celui de la vérité. Puissiez-vous trouver dans cette admiration, que partage la France entière, une juste compensation aux calomnies que des bouches mercenaires vomissent sur vous, pour tâcher de flétrir votre gloire. Que dis-je ? vous n'avez-pas besoin d'une telle compensation ! La calomnie ne peut entrer en balance avec la vérité. Qu'importent les discours de ces créatures rampantes ? Il vous faudrait descendre trop bas pour qu'elles pussent vous atteindre, et ce n'est que par le mépris et le silence que la France, ainsi que vous, doit se venger de ces obscurs calomniateurs.

A peine la nouvelle de la convocation des colléges électoraux, en mai, a-t-elle été connue, qu'elle a provoqué de part et d'autre les combinaisons de l'art conjectural. C'est une preuve de la grande importance qu'on attache aux élections. Un journal, qui a fourni un des premiers articles sur les-élections, a cru nécessaire de prévenir ses lecteurs, de ne pas être-étonnés qu'il abordât si tôt ce sujet. Pour moi, s'il est quelque chose qui me paraisse étonnant, c'est la lenteur que les journaux apportent trop souvent à traiter des intérêts si pressans. Aussi je sais bon gré à ce journal de son empressement, c'est un progrès vers le bien ; mais ce n'est pas encore le bien lui-même tel que je le conçois, et tel que le demande le systême représentatif. Ce reproche, que j'adresse aux journaux, s'adresse également aux électeurs.

Soit qu'il faille exercer ou bien juger des influences, la nécessité de procéder de bonne heure se rencontre partout, et se fait surtout sentir sous l'empire du **système** électoral qui nous régit. J'explique ma pensée.

L'élection est le combat des influences. Les journaux exercent une des influences les plus actives, puisqu'ils paraissent tous les jours, et les plus étendues, puisqu'ils sont pour ainsi dire la vive voix de chaque parti, qui retentit dans la France entière. Parmi ces influences de journaux, comme parmi toutes les autres, il en est de bonnes, il en est de mauvaises ; le travail de l'électeur est de les distinguer, de les juger ; alors il les accepte. Mais pour se faire accepter, le travail des influences est qu'elles se prouvent bonnes. Voilà donc une double nécessité, qui suppose bien des efforts de la part des influences, avant d'inspirer la conviction à l'électeur, et bien des réflexions de l'électeur, avant de céder à cette conviction. Est-ce là un de ces résultats qui s'obtiennent en six semaines ? Il est évident, que si on attend l'ordonnance de convocation pour s'en occuper, il faut agir et se décider avec précipitation. Quels graves inconvéniens cette précipitation ne doit-elle pas entraîner, surtout si, comme chez nous, pour comble de désordre, tout est brusque, tout est précipité dans le mode de procéder aux élections. Si la politique appelle les passions à son secours, qu'elle ne leur laisse le temps ni de se refroidir, ni de se reconnaître, qu'elle les embrase une torche à la main. C'est un volcan dont l'explosion, plus elle sera vive et soudaine, plus aussi elle sera terrible. Mais au contraire, si elle veut pour auxiliaire la raison publique ; il faut avec le flambeau de la vérité, éclairer le jugement de tous, le provoquer sur tout et partout, mais non le forcer, le brusquer précipitamment. Aussi on a tellement senti la nécessité de procéder avec lenteur quand on interroge la raison publique ; qu'en

Angleterre, le scrutin est ouvert pendant quinze jours, et qu'aux États-Unis, il se prolonge encore davantage. Cependant ces électeurs, qui viennent déposer leur vote, ont déjà eu ensemble de fréquentes relations; ils ont eu à traiter entr'eux dans d'autres réunions, des affaires communes, des intérêts locaux. Ces relations antérieures si précieuses pour une bonne élection, ne paraissent pas cependant encore des garanties suffisantes, et on en accorde une dernière à l'élection, par la prolongation du scrutin. En France, au contraire, où les collèges électoraux sont une convocation extraordinaire, nullement attachée à d'autres convocations publiques; où les électeurs arrivent et votent, sans avoir eu, ni l'occasion de s'être connus dans des réunions précédentes, ni le temps de se connaître dans cette réunion même; c'est surtout en France, que les influences doivent travailler de bonne heure à se prouver, et les électeurs à les apprécier, à les juger, sans cela, il n'y a que trouble et confusion. Assiégés de toutes parts, par les influences auxquelles ils sont livrés sans défense, les électeurs ne font plus ce qu'ils veulent, et ne savent plus ce qu'ils font. D'un autre côté, les influences sont despotiques; on les subit plutôt qu'on ne les accepte. Dès lors, il y a mensonge dans l'élection. Car ni les bons électeurs, ni les bonnes influences ne peuvent prévaloir; les unes, faute de ne s'être pas prouvées, les autres, faute de ne les avoir pas connues. En France, les électeurs ressemblent quelquefois à des soldats, qui cherchent leurs chefs, leurs rangs et leurs armes, quand on donne le signal du combat. L'ordonnance de convocation, qui est le véritable signal du combat électoral, est-elle publiée? On songe alors aux élections, les intérêts de parti s'agitent à la hâte; les ambitions se remuent avec violence, toutes les intrigues sont en jeu, et lorsque chaque parti devrait offrir l'aspect d'une armée calme et en bon ordre à la veille du combat ; on n'aperçoit qu'inquiétude, indécision chez les les uns, trouble et passion chez les autres.

J'en citerai un exemple. Je connais un arrondissement où les électeurs libéraux étaient supérieurs en nombre aux partisans de la contre-révolution. Le sentiment de sa force inspire au parti libéral une sécurité si aveugle, que non seulement il attend l'ordonnance de convocation des colléges, mais presque la convocation elle-même, pour déterminer sur quel citoyen il portera ses suffrages. Nul n'est plus digne de les réunir que le candidat proposé. (1). C'est un bon citoyen appelé à cette glorieuse fonction, non seulement par ses talens et ses vertus, mais encore par la reconnaissance publique qui veut honorer en lui le frère d'un préfet (2) sincèrement aimé et regretté. Mais quels que soient ses titres à cet honneur, il est inconnu à plusieurs ; il n'est pas du département ; il est odieux au pouvoir qui regarderait sa nomination comme une vengeance de l'opinion exercée contre lui. L'indifférence, l'amour-propre refroidit le zèle des uns, les menaces de l'autorité intimident les esprits faibles. On prévoit une défection ; on veut la prévenir, il n'est plus temps. Le parti de la contre-révolution et le pouvoir ont fait cause commune.

Un candidat, tiré du sein de la noblesse, effrayerait trop les esprits ; mais la noblesse regardera comme un triomphe inespéré de pouvoir seulement empêcher celui du parti libéral.

---

(1) M. Auguste de St. Aignan, membre du côté gauche.

(2) M. Louis de St.-Aignan, membre du côté gauche, déplacé pour cette belle réponse si connue : ma place est à vous, ma conscience est à moi [!]

Le pouvoir propose alors un de ces hommes propres, dans ces sortes de circonstances, à réunir momentanément des opinions différentes, parce qu'on ne leur en connait aucune bien prononcée ; et la majorité libérale ainsi démantelée, subit une défaite d'autant plus douloureuse, qu'elle arrivait avec la conscience de son triomphe futur. Le parti libéral eut du moins la gloire de la réparer. On songe, le soir même, à annoncer ce revers à l'arrondissement voisin, sur lequel repose l'espoir d'une prompte vengeance. A qui confie-t-on ce message ? Au fils d'un ancien préfet (1), dont le département n'a pas oublié la longue et sage administration ; preuve bien remarquable de la persévérance et de la bonté si connue de ces généreux Bretons. Leur opinion sortira de ce revers avec un nouvel éclat, et leur reconnaissance avec un hommage de plus, puisqu'ils honorent à la fois, par le message de ce fils et l'élection de ce frère, le préfet dont ils déplorent la mort, et celui dont ils regrettent la perte. En effet, la nomination de l'illustre candidat, pour être plus tardive, n'en fut que plus éclatante, et les cris de joie du pouvoir se changèrent bientôt en des cris de douleur et de désespoir. Mais n'eût-il pas mieux valu encore prévenir cette défaite que la réparer, quelque glorieuse que dût être la réparation. Rien n'était plus facile. Il n'eût fallu que se concerter d'avance, consulter les opinions des électeurs, prévoir les obstacles beaucoup plus nombreux que devait nécessairement rencontrer l'élection d'un homme odieux au pouvoir, dans un chef-lieu où ce pouvoir est concen-

---

(1) M. Boullé, qui fut pendant quinze ans, sous l'empire, préfet de ce département. Déplacé à la première rentrée du roi , il ne survécut pas longtemps à sa disgrâce , et emporta dans le tombeau les regrets de tous les bons citoyens.

tré, où son autorité est le plus active ; et plutôt que de s'exposer aux risques d'une élection douteuse, sacrifier à un autre arrondissement plus sûr l'honneur de le nommer, les su frages eussent pu facilement se réunir sur un autre bon citoyen, contre lequel la haine du ministère n'était pas aussi envenimée. Ainsi, le ministère aurait eu une créature de moins, et le côté gauche un député de plus.

Concluons donc de ces principes et de ces faits ; que plus une loi est défectueuse et muette sur des points importans, plus les bons citoyens doivent apporter de zèle à suppléer à ses défauts et à son silence. Si la loi électorale ne s'occupe pas assez de provoquer leur jugement, leurs delibérations, de les mettre à même d'agir avec connaissance de cause ; soit par des convocations particulières, et, pour ainsi dire, préparatoires ; soit par la prolongation suffisante de la convocation des colléges et du scrutin ; enfin si, lorsqu'elle les appelle, elle suppose leur opinion bien arrêtée, leur choix bien déterminé, c'est donc aux électeurs à prévoir d'avance toutes les difficultés, à s'entendre, à se communiquer entre eux.

Les véritables capacités ne se prouvent ni ne se reconnaissent pas en un seul jour. Eh ! quoi ? tous les jours, lorsqu'il s'agit de prendre soit des régisseurs pour nos biens, soit des gouverneurs pour nos enfans, enfin des personnes qui nous représentent dans nos intérêts privés ou dans nos affections ; que de précautions ? quel discernement ? souvent même quel scrupule ne montrons-nous pas alors ? Que dis-je ? lorsqu'il ne s'agit même que de confier aux gens, qui se vendent à notre service, de serviles occupations, jamais nous n'avons assez de renséignemens ; nous faisons une sorte d'inquisition sur leur vie passée , et ce n'est qu'après ce rigoureux examen de leur conduite et de leur savoir faire , que nous les admettons à notre service. Eh! lorsqu'il faut investir un homme d'un pouvoir aussi important , que celui de faire prévaloir nos intérêts politiques et nos opinions, nous confierions avec indifférence ce mandat sacré , sans chercher dans sa vie privée et dans sa vie publique des garans de sa vertu et de sa capacité pour le remplir avec honneur. Sans ces sages précautions, la courte-durée de la convocation, la précipitation du vote , l'invention de la majorité absolue et du scrutin de balotage , qui appartient à notre continent , rendraient les colléges électoraux semblables à des places devant lesquelles on met précipitamment le blocus, quand il y a assez d'assiégeans pour le former, et qu'on prend vivement d'assaut , comme si on craignait l'ennemi sur les derrières.

L'invitation de bien s'entendre que j'ai adressée aux électeurs pour l'élection , je la renouvellerai pour la formation des bureaux. De l'isolement des droits électoraux nullement rattachés , comme je l'ai dit précédemment , à d'autres réunions publiques , est venue la nécessité d'un bureau élu. Car, lorsque les droits électoraux sont unis à l'exercice des droits politiques et municipaux, on a des magistrats indépendans , élus pour d'autres fonctions , qui ne sont pas des délégués de l'autorité et que personne ne peut récuser. Cette nécessité d'un bureau élu livre d'avance la conduite et la surveillance à la majorité , et par là n'excite que trop de soupçons. Les électeurs doivent donc apporter à la formation du bureau le même soin que s'il s'agissait de l'élection même , car c'est l'avant-coureur certain de l'élection. Non seulement il faut se défier des hommes, mais encore des choses. Il est quelquefois, dit-on, certaines tables qui , par leur dimension et leur arrangement, ont une certaine vertu. C'est encore aux bons électeurs à déjouer tous ces calculs. J'avoue que le rejet du vote public prouve la faiblesse de la liberté et sa timidité. Il est très-vrai qu'il est peu glorieux peut-être pour la liberté de demander le secret en son profit, quand elle en fait un crime au pouvoir; mais, enfin, il est un principe absolu, reconnu dans tous les pays libres, proclamé par toutes leurs législations, c'est que l'élection doit être libre. Or, si le vote public gêne la liberté, il faut le rejeter. La loi de l'état assure au vote l'inviolabilité du secret, et une loi plus impérieuse encore, la loi de la nécessité, la réclame dans les circonstances présentes.

Après avoir donné à mes lecteurs des conseils sûrs et utiles, puisqu'ils sont puisés dans l'expérience des élections passées et dans les principes immuables de la raison, passons maintenant à des conjectures plus ou moins vraisemblables sur les prochaines élections. Veut-on regarder avec les uns la convocation des colléges électoraux, en mai, comme un coup plein de hardiesse de la part du ministère qui a voulu consterner l'opposition? Veut-on n'y voir avec les autres qu'un simple besoin de sortir du provisoire? Dans la seconde hypothèse, comme le plus grand ennemi du provisoire, le parti de l'opposition approuve cette mesure qu'il trouve sage, dans la première, il la trouve impolitique, insensée même, plus propre à porter dans son sein de nouvelles espérances qu'une soudaine consternation. Examinons, en remontant à l'origine des choses, sur quels principes et sur quels faits est fondée cette opinion.

Les élections prochaines vont offrir un aspect tout nouveau. Le ministère actuel a opéré plus de changemens encore dans les esprits que dans les administrations; les hommes et les choses ont pris une toute autre tournure. Je pourrais citer les élections qui ont signalé son avènement au pouvoir, comme une preuve de ce que j'avance et un prélude certain des grandes conversions que je prédis; mais j'examine d'abord les principes de ces faits, parce que, quand j'aurai prouvé quels principes ont amené dans ces dernières élections ces heureux résultats, il sera facile de conclure que les mêmes causes subsistant toujours produiront inévitablement les mêmes effets. Or, la cause principale, il ne faut pas la chercher ailleurs que dans le changement de ministère : tout a reçu de là une impulsion nouvelle.

Lorsque la nomination des ministres actuels fut connue, on crut d'abord que le ministère n'avait fait que changer de mains. On en jugeait sur les noms des élus, sur quelques antécédens, sur quelques souvenirs. La France, par exemple, n'avait pas oublié aussitôt que M. le vicomte de Montmorency, sa belle conduite dans l'assemblée constituante, on ne voyait d'autre différence entre M. de la Tour-Maubourg et le duc de Bellune, qu'un maréchal de France, au lieu d'un maréchal-de-camp; placé à la tête des affaires de la guerre; M. de Peyronnet, choisi dans le centre, et connu surtout par une fidélité éminemment ministérielle, semblait devoir suivre la marche du Garde-des-Sceaux, dont il avait si scrupuleusement suivi la bannière; enfin on ne présumait pas que MM. de Villèle et de Corbière encore tout fraichement imbus des doctrines de l'ancien ministère, dont ils avaient défendu les actes et le système, eussent pris pendant les beaux temps de leur court éloignement, quelques bains dans le fleuve du Léthé. Telle était l'opinion erronée, et cependant assez généralement accréditée parmi ces gens nombreux qui ne jugent les hommes et les choses que sur les apparences.

Mais les esprits observateurs qui, instruits par l'expérience du passé, portent un regard plus pénétrant et plus sûr dans le présent et dans l'avenir, remontèrent aux causes et prévirent les effets. Au premier coup-d'œil, tout changement nous parait occasionnel, c'est-à-dire, le produit d'une circonstance fortuite; cependant tout se lie dans les événemens, le grand art est de découvrir le premier anneau qui nous livre le secret de cette chaine mystérieuse. C'est ainsi que cette fameuse adresse de la chambre, n'a été que l'occasion, mais non la cause de la rupture entre l'ancien ministère et le côté droit. Cette seule distinction eût suffi pour provoquer les réflexions de ceux, qui ne voyaient qu'un simple changement de ministère, et non un véritable changement de systême. Ils auraient mieux prévu quelle devait être la marche de messieurs de Villèle et de Corbière, s'ils avaient mieux étudié les hommes et les circonstances où ils se trouvent. On l'a dit avec raison, les circonstances font les hommes; et le petit nombre de ces esprits forts, qui se roidissent fièrement contre leur joug, et devant lesquels il faut qu'elles fléchissent en esclaves, ou servent en instrumens de leurs desseins, n'a pu donner encore un démenti assez solennel à la vérité de cette maxime. C'est même le côté faible de presque tous les hommes de nos jours, qui sont entrés dans le pouvoir, d'avoir sans cesse reculé devant les circonstances, n'osant ni les braver ni les gouverner, pas même les subir; tout leur art s'est borné à les esquiver. C'était surtout le systême de l'ancien ministère en général; ce fut celui de MM. de Villèle et de Corbière en particulier, tandis qu'ils en firent partie, parce qu'ils se trouvaient entre le ministère et le côté droit, exposés à peu près aux mêmes embarras que le ministère lui-même, se débattant entre la France ancienne et la France de la révolution. C'est de cette conformité dans leur situation, qu'est venue naturellement cette coïncidence dans leurs doctrines, dans leur système, dans leur politique. En effet, placés entre les ministres et les membres du côté droit, qui n'avaient consenti, les uns, à leur départ, que pour dominer le ministère, les autres, à leur arrivée dans le ministère, que pour dominer le parti, MM. de Villèle et de Corbière sentant l'impossibilité de jouer ce double rôle, de remplir cette mission si délicate, n'ont cherché qu'à éluder tour à tour ces deux nécessités, et c'est sous ce rapport, que le système d'immobilité du ministère, leur convenait parfaitement dans la circonstance où ils se trouvaient ; et qu'ils se hâtèrent de l'adopter, de le prôner même. Mais ce système ne pouvait-être pour eux que provisoire, il devait cesser le jour où le parti deviendrait plus exigeant. Ce jour arriva.

La session finit, on réclame le prix des services rendus. Le ministère ne se montre pas assez généreux dans sa reconnaissance ; il n'a encore qu'entr'ouvert la porte du pouvoir au côté droit. Ce parti est plus ambitieux : le ministère s'effraie et la lui ferme tout-à-fait. Dès lors, la rupture est décidée. Les nominations des présidens des colléges, plusieurs autres faveurs ministérielles prodiguées au parti, ne sont plus à ses yeux que des bienfaits suspects, pour le bercer encore d'espérances flatteuses et d'agréables illusions. Le ressentiment est trop récent et trop profond ; il éclate au commencement de la session par cette adresse mémorable.

Maintenant, je le demande, quel homme sensé, connaissant ces faits antérieurs, n'eût pu, avec un peu de réflexion, affirmer, sans attendre les actes des nouveaux ministres, que c'était un système neuf ; en un mot, le triomphe de l'ancien régime qui s'annonçait. Devait-on penser, en effet, que le rôle subalterne de MM. de Villèle et de Corbière, appelés comme auxiliaires dans le ministère, ressemblerait au rôle suprême de MM. de Villèle et de Corbière, y reparaissant en vainqueurs? Pouvait-on croire que le côté droit n'avait fait un si grand pas que pour s'immobiliser? que ce parti ambitieux, qui avait si impérieusement réclamé le prix d'une simple alliance, encore si souvent chancelante, à l'ancien ministère, ne réclamerait rien à ce ministère nouveau, qui lui doit son élévation? D'un autre côté, les chefs, eux-mêmes, avaient besoin, pour marcher à leur but, de lieutenans d'une fidélité éprouvée. Tout annonçait donc un changement dans les administrations. Eh bien! ce changement, qu'on aurait pu facilement prévoir parmi les administrateurs, on peut aussi facilement le prédire parmi les électeurs; c'est toujours la conséquence du même principe, mais ici elle a un caractère plus grave et plus frappant.

Assis sur le vaisseau de l'état, les anciens ministres ont un moment fait voile vers la terre du vieux régime; mais bientôt, voyant qu'ils évitaient Charybde pour tomber dans les gouffres de Scylla, n'osant plus, ni avancer, ni reculer, sur cet océan, soulevé par les vents qui soufflaient à droite et à gauche avec violence; ils ont brusquement abattu les voiles, jeté l'ancre, et pris ainsi l'immobilité pour gouvernail, et la peur pour drapeau. Bientôt de nombreux partisans se sont rangés sous ce drapeau; il a été le point de ralliement de tous les esprits timides, qui n'ont pas osé s'exposer aux écueils d'un élément orageux, ou de ceux mêmes, qui, las d'avoir tant de fois affronté la fureur de ces flots et de ces tempêtes, cherchent à tout prix un lieu de repos, à leurs longues fatigues et à leurs pénibles travaux.

Mais voilà que tout-à-coup on change de pilote et de drapeau. De nouveaux chefs commandent; le vaisseau se meut;
déjà les voiles s'enflent et se déploient; bientôt on va lever
l'ancre, et cingler vers cette terre de l'ancien régime si
désirée. Au bruit de cette expédition, les preux tressaillent
d'un enthousiasme chevaleresque ; plus d'un Jason se pré-
sente pour la conquête de cette autre toison d'or. Mais que
vont faire les esprits timides et les courages épuisés ? ils
n'étaient accourus sur ce vaisseau que pour éviter les risques
d'une navigation périlleuse, et voilà qu'il faut s'embarquer.
Et pour quel expéd.tion ? pour une expédition folle et chi-
mérique, dont ils redouteraient encore plus le succès, s'il
était possible, que les dangers mêmes.

Tel est, en effet, le premier caractère de notre situation nouvelle, c'est la nécessité pour tous les électeurs de
se prononcer et d'agir; nécessité doublement précieuse,
d'abord sous le rapport moral, puisqu'elle rappelle à
l'homme sa dignité, en provoquant son jugement et l'em-
pêchant de se traîner misérablement à la suite des opinions des autres, comme s'il n'avait ni raison, ni âme,
ni conscience pour s'en faire une à lui-même; et précieuse
encore sous le rapport des progrès des idées libérales,
puisqu'elle met la France nouvelle et la France ancienne
en présence, et que le système constitutionnel ne peut que
gagner à cette concurrence, à cet appel à la raison publique. Plus de milieu pour les indécis, plus de neutralité
pour les indifférens, plus d'immobilité pour les timides.
De quelque côté qu'ils se tournent, ils trouvent partout
un parti à prendre, une cause à défendre, un mouvement
à suivre. Ce n'est plus ce ministère si facile qui ne ré-
clamait d'eux d'autre zèle que la nullité, d'autre effort
que le repos, d'autre opinion que celle de n'en avoir aucune. Le ministère actuel exige de ses partisans un service

plus actif; il s'est mis à leur tête; il faut qu'il marche, qu'il avance vers le but.

A Dieu ne plaise que je partage les sentimens de ceux qui regrettent cette immobilité de l'ancien ministère, et blâment ce mouvement dans le nouveau! D'abord il y aurait eu ingratitude, et même mauvaise foi, de la part des ministres envers leurs amis, qui ne les ont élevés au pouvoir que pour renverser ce système stationnaire, e' parvenir plus promptement et plus franchement à leur fin. Ensuite rien n'est plus contraire au développement des institutions constitutionnelles, que cet état d'immobilité et de langueur, qui les frappe de stérilité dès leur naissance. L'homme ne vit, n'agit, ne se meut que par la circulation continuelle du sang dans ses veines. Qu'elle cesse, et ce corps si agile, si beau, si vigoureux, n'est plus qu'un cadavre pâle et glacé. Il en est de même du gouvernement représentatif. Otez lui ce mouvement, qui met tous ses ressorts en jeu, et entretient dans son sein ce qu'on nomme la vie politique, aussitôt il tombe dans une triste agonie, il dépérit, il meurt. Rien, je le répète, ne lui est plus fatal que l'immobilité; c'est sous ce rapport que je préfère encore le ministère actuel à l'ancien.

Un ministère, ouvrage d'un parti, peut être à craindre momentanément pour le parti contraire, parce que deux influences, qui n'en font qu'une, acquièrent nécessairement plus de force par cette unité; mais, dès qu'il a embrassé une opinion déterminée, si cette opinion n'est pas la bonne, il ne peut être long-temps redoutable à l'opposition sous le système représentatif. Cette unité, comme je l'ai dit, peut lui donner d'abord assez de consistance; de nombreux moyens d'influence et de séduction peuvent même d'abord lui fournir sur plusieurs points une majorité

actice. Le systéme représentatif n'a malheureusement pas
plus que toutes les institutions humaines le privilége d'être
naccessible aux altérations, mais il a du moins cet avan-
age, de provoquer tôt ou tard le triomphe de la vérité, et
l suffit qu'un ministère embrasse une opinion pour qu'il
succombe, si ce n'est pas celle de la véritable majorité.

Je crois avoir assez clairement démontré, que le caractère important des nouvelles élections, c'est que le parti
appelé ministériel sous l'ancien ministère, est complète-
ment hors de cause, ou plutôt qu'il n'existe plus. J'en ai
assez longuement développé la cause et les principes, on
peut maintenant interroger les faits. Où retrouvera-t-on
le parti ou le systéme de l'ancien ministère? Dans la chambre, où le centre a disparu ? Dans l'administration, si bien
épurée, et purgée des anciens serviteurs ministériels ? Enfin dans les dernières élections? Les colléges électoraux
n'ont-ils pas été partagés, comme la chambre, comme
la France entière est maintenant partagée. Les intérêts
nouveaux, les intérêts anciens, plus d'intérêts intermé-
diaires. Aussi les députés élus sont-ils allés siéger à la
gauche ou à la droite. Voilà donc bien l'application de ce
que j'ai avancé, la nécessité de prendre un parti, de se
faire une opinion. J'ai ajouté que cette nécessité tournait
à l'avantage du systéme constitutionnel, qui ne pouvait
que gagner à être jugé et connu. Je me trouve heureux de
rencontrer encore ici, dans les nominations de plusieurs
honorables députés, récemment élus, les conséquences
de mes principes.

Ainsi donc, changement de systéme dans le ministère, et
par suite, nécessité de se décider entre la France ancienne
et la France nouvelle, voilà les deux grandes causes, qui
déjà ont amené, pour le parti de l'opposition, quelques

heureux résultats dans les dernières élections. Maintenant, pour savoir si le parti de l'opposition peut fonder les mêmes espérances sur les élections futures, deux questions se présentent : Dabord les mêmes causes subsistent-elles? cette première question est toute résolue, personne n'en niera l'existence, au moment où elles se manifestent avec une nouvelle force. Mais les mêmes principes auront-ils les mêmes conséquences? Oui certes, à moins que depuis ces dernières élections le ministère et le côté droit n'aient reconquis les avantages perdus, et le côté gauche au contraire n'ait perdu les avantages conquis. Il est facile de s'en assurer; prenons les actes et jugeons-les avec impartialité : Est-ce par le rejet du mot *constitutionnel*, par la suppression du jury, que le côté droit aura grossi le nombre de ses partisans? Est-ce par des déplacemens, chaque jour plus nombreux, que le ministère aura calmé tou es les inquiétudes?

Et le parti de l'opposition? parmi quels électeurs aurait-il à craindre une défection? parmi les négocians; parce、qu'il a soutenu leurs pétitions, signalé leurs malheurs, et en même temps indiqué les remèdes propres à les réparer? parmi les acquéreurs de biens nationaux, parcequ'il a si généreusement pris leurs intérêts? parmi les hommes de lettres et les savans, parcequ'il a courageusement défendu la mémoire et les cendres des grands hommes, leurs illustres prédécesseurs; enfin parmi tous les contribuables, parce qu'il a consommé tant de veilles, dans des calculs arides et pénibles, pour alléger leurs maux ; parce qu'il a fait de constants efforts pour diminuer le fardeau des impôts qui les accablent?

En vérité, le ministère ne pouvait mieux servir l'opposition, qu'en convoquant les collèges, au moment où la France est encore pleine des discours éloquens, et des services signalés, qui ont immortalisé le côté gauche, pendant cette fameuse session. Rien ne peut être plus avantageux à l'opposition, que des élections aussi prochaines, car les hommages de la reconnaissance, sont d'autant plus vifs, que les impressions en sont plus récentes.

O vous, Électeurs, qui redoutant également le triomphe du privilége et celui de la liberté, parce qu'on vous la représentait avec l'horrible cortége de la licence; vous, qui jusqu'ici avez cru servir votre pays, par une neutralité également fatale à ses intérêts et aux vôtres; aujourd'hui qu'il faut vous décider, entre la France nouvelle, qui vous a élevés, qui vous a nourris, et l'ancien régime, que vous ne connaissez heureusement que par de vieux souvenirs; permettez-moi de provoquer un moment vos réflexions, et de chercher à dissiper vos craintes. Amis du repos et d'une sage liberté, cette guerre entre la France ancienne et la France nouvelle, vous afflige. Et nous aussi nous en sommes affligés; nous qni voudrions voir tous les Français vivre tranquilles et égaux devant les lois constitutionnelles. Mais, qui l'a provoquée cette guerre? On cherche maintenant à vous tromper sur son but; mais on ne pourra pas y réussir, si vous n'oubliez point quel fut son principe. Contente d'avoir reçu une garantie solennelle de ses droits nouveaux, la France calme et pleine de confiance dans son Roi, attendait tranquillement de la sagesse royale, le développement des grandes institutions annoncées par la Charte. Qui donc est venu troubler cette paix et retarder l'accomplissement de ce grand ouvrage?

Gardons-nous de soupçonner la confiance du monarque,

dans l'amour de son peuple, ou la confiance du peuple, dans la sagesse de son roi. Tous deux, dans une heureuse intelligence, concouraient franchement à cette grande œuvre, qui devait assurer leur bonheur commun; lorsqu'une funeste intervention vint paralyser leurs efforts : la réparition de l'ancien régime, ou plutôt de ses prétentions, jeta le trouble dans toute la France. Bientôt les droits nouveaux furent attaqués, les inquiétudes s'éveillèrent, les passions s'aigrirent ; la France nouvelle menacée de l'invasion de l'ancien régime, se tint sur la défensive, et tout ce qu'elle réclame de vous, c'est de réunir vos efforts aux siens pour le repousser. Sortis du sein de cette France nouvelle, vous avez les mêmes intérêts que nous, pourquoi nos sentimens ne seraient-ils pas les mêmes? Que craignez-vous? La défense des droits reconnus et sanctionnés par le Roi lui-même, une communauté d'efforts pour empêcher l'introduction de ces priviléges, condamnés par la Charte, a-t-elle rien d'hostile pour le trône? Défendre la Charte, c'est défendre son illustre auteur. Pourquoi donc des voix imprudentes, au moins, pour ne pas dire perfides, viennent-elles dénoncer la France nouvelle comme l'ennemie du trône, parce qu'elle est l'ennemie du privilége? Qu'elles cessent de vouloir confondre deux causes, que la France saura toujours séparer ; qu'elles cessent surtout de réveiller les craintes dans les cœurs des Français, d'y jeter l'alarme, lorsqu'elles devraient plutôt les ouvrir à l'espérance, enfin, d'entretenir les frayeurs, en évoquant les souvenirs les plus déchirans du passé, et en répandant les plus sinistres présages sur l'avenir. A les entendre, la France est près de retomber en proie au Jacobinisme. Où sont-ils donc ces factieux qui voudraient la replonger dans l'anarchie?

Sur les bancs de l'opposition, j'aperçois bien les victimes du Jacobinisme, mais je ne vois pas ses partisans. Est-ce un Lameth, un Labbey de Pompières, un de Corcelles, et tant d'autres honorables membres du côté gauche, qui relèveront ces échafauds, ensanglantés par le meurtre de leurs parens, de leurs amis; et qui, sans la chûte du Jacobinisme, devaient être encore arrosés de leur propre sang? Ces riches propriétaires, ces pères de famille, ces banquiers opulens et honorés de la confiance publique, voudraient-ils un bouleversement général, qui compromettrait leurs intérêts les plus chers, comme leurs plus tendres affections? Où faut-il donc les trouver, électeurs, ces élémens de discorde, ces tendances républicaines? Dans la France nouvelle, qu'on vous dépeint comme un volcan révolutionnaire? Trois générations la composent, et s'offrent à vos regards.

Certes, ce n'est pas la première, celle de la révolution qui menace le pouvoir. Épuisée par de longues secousses, et vieillie plus encore par le nombre de ses malheurs, que par celui de ses années; elle ne cherche que le repos à une vie si orageuse, et ses bras affaiblis ne peuvent plus servir la patrie et la liberté, qu'en s'élevant au ciel, pour lui adresser des vœux pour leur bonheur. Est-ce sous le régime impérial, que la seconde génération a fait l'apprentissage de cette liberté républicaine, pour laquelle on lui suppose tant d'ardeur? Ah! après avoir vécu tant d'années dans les doctrines et les habitudes de l'arbitraire, après avoir prêté si docilement nos têtes au au joug d'un pouvoir absolu, nous ne sommes pas sortis de ce régime, avec cette rudesse de mœurs, si rebelle à la soumission. Nons avons montré alors, trop de complaisance à obéir, pour montrer aujourd'hui, tant de prétention à commander! Ils est enfin une troisième génération, également étrangère à la révolution et au régime impérial, c'est le jeunesse qui s'élève, et sur la quelle reposent avec raison les espérances de la France nouvelle. Mûrie de bonne heure par l'expérieuce des temps passés, elle voit de loin et sans passion, les périls de la licence et les avantages d'une sage liberté qu'elle appelle de tous ses vœux, c'est le cri de sa conscience c'est celui de la France entière.

Vous le voyez, électeurs, nous avous interrogé toutes ces générations et un seul cri s'est fait entendre. Nous avons cherché lé fondement de ces craintes, qui si long-temps ont jeté parmi vous l'épouvante, et toutes se sont évanouies. Reconnaissez donc, que les vœux de la France nouvelle, sont les vôtres, que c'est le même amour pour une liberté sage, et ne confondez plus, avec cette liberté, la licence, dont elle condamne les coupables excès. Lorsque, prosternés dans le temple divin, vous adressez au Dieu de paix vos prières, si tout à coup, aumilieu de cette imposante cérémonie, où la religion, reçoit un hommage si solennel et si pur, des voix s'écriaient : « que faites-vous, malheu- « reux, la religion que vous venez honorer, c'est elle qui « a enfanté le massacre de la St. Barthélemy, c'est elle « qui a armé les mains régicides des *Clément* et des *Ra-* « *vaillac.* » Ces clameurs insensées n'attireraient que votre mépris. Sans doute vous mandiriez ces horribles crimes, mais, vous craindriez de devenir vous-mêmes criminels, en imputant à la religion, des forfaits qu'elle abhorre. Eh bien ! si réunis dans les collèges électoraux, des voix aussi insensées, cherchaient à troubler vos consciences, par de souvenir d'attentats aussi effrayants songez, élec- teurs, qu'il est un fanatisme politique qui fut aussi fécond en crimes que le fanatisme religieux, mais que la liberté, est aussi innocente que la religion, des forfaits qu'il a enfantés.

De l'imprimerie de P. D. HARDY --- Dauphine ..

www.ingramcontent.com/pod-product-compliance
Lightning Source LLC
Chambersburg PA
CBHW061807060726
47597CB00007B/3148